Léo Lamarche

Attention
aux pickpockets !

Couverture : Guylaine Moi

Conception graphique : Anne-Danielle Naname

Réalisation : MÉDiAMAX

Illustrations : Valérie Gibert et Philippe Sedletzki

ISBN : 978-2-01-155398-0

© HACHETTE LIVRE 2004, 43, quai de Grenelle, 75905 Paris CEDEX 15.

Sommaire

1

Le tag

Elle referma son dossier d'un coup sec et leva sur Manu des yeux furieux.

« Emmanuel Bataille ! encore vous ! »

Manu le connaissait par cœur, ce bureau. Et il savait d'avance ce qu'elle allait lui dire…

« Je ne sais plus quoi faire de vous, Emmanuel ! »

Manu non plus ne savait plus quoi faire de lui, debout, devant le bureau de la principale du collège qui le foudroyait du regard à travers ses lunettes.

« Mais enfin, qu'est-ce qui vous passe par la tête ? » rugit madame Pons, si fort, que son chignon gris trembla et menaça de s'écrouler.

Manu regarda ses pieds, incapable d'expliquer ce qui lui prenait… ça vient comme ça, sans prévenir… c'est

---

Les mots en vert renvoient à la rubrique *Mots et Expressions*, p. 34.

plus fort que lui... il ne peut pas s'en empêcher... Il faut qu'il dessine ses rêves...

« Et cette fois, c'est la cantine que vous avez décorée ! hurla la principale. Vous trouvez ça joli, vous ? »

Manu n'osa pas répondre que oui, il trouvait ses graffitis très chouettes, en bleu, violet et jaune, sur les murs trop gris du collège. À midi, pendant que les autres mangeaient, il avait dessiné les profs de la classe transformés en grands perroquets verts. Sympa, non ? Ses copains avaient eu l'air d'apprécier. Pas madame Pons, qui détestait l'art moderne. Les tags de Manu la mettaient dans des colères noires.

« En attendant que je prenne une décision vous concernant, Emmanuel, vous êtes renvoyé du collège ! Et maintenant, disparaissez de ma vue ! »

Dans le couloir, Manu traînait des pieds et ses idées se traînaient également. Renvoyé ! Si jamais son père l'apprenait ! Lui qui désire tellement que son fils réussisse, qu'il termine sa troisième et qu'il passe au lycée. Au lieu de ça... il allait rentrer chez lui la tête basse et devrait s'expliquer. Manu voyait déjà les yeux de son père noyés de peine et de honte... Non, il ne fallait pas qu'il sache ! Il décida d'imiter la signature de son père et de faire semblant d'aller au collège. Partir le matin, rentrer le soir, comme tous les jours, renvoi ou pas. Que monsieur Bataille ne sache jamais qu'on lui interdit de dessiner ses rêves sur les murs.

Manu traversa la cour, regarda les autres élèves de 3ᵉB se mettre en rangs pour monter en cours de maths. Il aurait préféré être à leur place ! Même s'il fallait supporter pendant deux heures monsieur Boudu et sa géométrie ! De loin, son copain Samy lui fit une grimace qui voulait dire : « Pas de chance, mon vieux ! » Manu lui répondit par le sourire triste de l'artiste incompris, traîna son sac en direction de la sortie, l'injustice plantée au fond du cœur. Il dessinait pour rendre à tous la vie plus agréable et, au lieu de le remercier, on le mettait à la porte ! Mais il était trop tard pour les regrets...

La grille du collège se referma sur lui. Manu restait seul, à l'heure où les enfants sont à l'école et les adultes au travail. Il fit trois pas dans l'avenue déserte à regarder le ciel. Les brumes d'automne descendaient sur la ville, on ne distinguait même plus le gros chou à la crème du Sacré-Cœur, dressé sur la colline de Montmartre. La ville devenait une île entourée de brouillard. Manu détestait le brouillard et l'automne. Il rêvait d'un pays où il fait toujours beau, où un été éternel rayonne sur la Terre et remplit les cœurs de joie.

Sur la petite place, à côté du lycée, Manu s'assit un instant sur un banc à regarder le vent soulever les feuilles mortes. Comment passer le temps jusqu'à dix-sept heures ? Trois heures encore avant de pouvoir rentrer chez lui... Le jeune garçon ouvrit son sac à dos pour chercher son baladeur parmi les classeurs et les livres. Au fond du sac, sa main trouva une bombe de peinture neuve, que madame Pons n'avait pas confisquée. Un bon remède contre les idées noires. Il ne lui restait plus qu'à trouver un mur pour y dessiner.

Il se leva, traversa le square, se dirigea vers l'entrée du métro, se glissa au milieu d'un groupe de touristes japonais, descendit les escaliers qui mènent à la station, sauta le portillon, traversa le couloir, arriva sur le quai Anvers.

2

Bravo l'artiste !

*A*ttention, *ce train ne prend pas de voyageurs !
Je répète, ce train ne prend pas de voyageurs !* Le haut-parleur de la station Anvers a une voix de sirène. Un métro ralentit, passa sans s'arrêter. Tout était calme sur le quai. Un vieux clochard s'était endormi dans un coin, son chien à ses pieds. Deux policiers faisaient leur ronde, suivis d'un grand chien jaune ; ils disparurent dans un couloir. La voie était libre. Manu ôta son sac à dos et le posa sur un siège en plastique jaune. Il en sortit la bombe de peinture. Il s'approcha d'un grand panneau publicitaire qui semblait lui faire signe. L'affiche vantait une marque de lessive.

Oubliant ses problèmes, son renvoi et les yeux tristes de son père, le jeune garçon s'attaqua au panneau. C'est fou comme le métro ressemble à la mer... Le béton

des quais, c'est la plage, les trains passent les uns après les autres, comme des vagues, des voyageurs montent ou descendent, petits crabes pressés qui disparaissent.

Il y fait chaud et un soleil artificiel ne laisse jamais place à la nuit. Tout en maniant la bombe, Manu rêvait d'un pays, loin d'ici. Un pays où les gens sont joyeux et où la lumière éblouit, pas comme dans ce Paris tout gris, refroidi par l'automne, où des adultes aigris sont incapables d'apprécier une œuvre d'art ! Et l'affiche blanche, sur le panneau publicitaire, se transforma en île peuplée d'oiseaux magnifiques tandis que Manu rêvait qu'il prenait le métro jusqu'au bout de la ligne, sautait dans un avion, partait avec son père très loin d'ici...

« Trrrrès réoussi ! s'exclama un Italien à côté de Manu.

— Good, very good ! dit une Anglaise.

— Vous êtes un artiste, jeune homme, et je m'y connais ! »

Un petit cercle de voyageurs s'était formé autour du panneau publicitaire. Ils admiraient l'île de Manu, sa plage, la mer, à l'infini...

Les yeux à demi-fermés, l'artiste donnait la dernière touche à un gros crabe à lunettes et chignon qui ressemblait terriblement à madame Pons. Il grimpa sur le siège en plastique jaune pour dessiner le ciel et un soleil qui ne se couche jamais...

L'inconnue du quai

C'est de là qu'il la vit arriver sur le quai. Dans son jean et son blouson de cuir qui lui donnait l'air si fragile. Elle devait avoir dans les quatorze ans, comme Manu. Elle n'était pas d'ici, de Chine peut-être, ou plutôt du Japon. Sa peau était trop blanche, ses cheveux trop noirs et sa bouche trop rouge.

Elle leva des yeux en amande, incroyablement noirs, croisa ceux de l'artiste qui l'observait. Il y avait, dans son regard, quelque chose que Manu n'avait jamais vu, quelque chose de très beau, comme des vagues qui se brisent sur les rochers, un jour de tempête…

Nous informons les voyageurs que des pickpockets peuvent agir dans la station dit la voix du haut-parleur. *Veillez à vos affaires personnelles !*

Manu n'écoutait pas le haut-parleur, il regardait la fille, pris par l'envie irrésistible de la faire entrer dans son dessin. Cette fille était terriblement belle. Vraiment ! Il commença à dessiner ses traits gracieux en la regardant du coin de l'œil.

Manu ne vit pas tout de suite l'homme se glisser derrière la jeune fille. Un grand type au visage de fouine. Il avait le crâne à moitié chauve et une étrange tache sur le front. Non, on aurait plutôt dit un bouton, un énorme bouton maléfique.

Je répète, attention aux pickpockets ! reprit la voix.

Tout se passa très vite. De son perchoir, Manu vit l'homme chauve se pencher sur la fille, les mains

tendues en direction de l'appareil photo qu'elle portait en bandoulière. Il hurla :

« Attention ! Attention ! »

La fille se retourna, le gros homme lui arracha son appareil et se mit à courir. Tous les regards se tournèrent vers le garçon, une bombe de peinture à la main, qui criait avec de grands gestes.

« Au voleur ! C'est lui ! Attrapez-le ! »

Personne ne bougea. On regarda d'un œil étonné ce gamin excité qui sautait de son siège et s'élançait à la poursuite d'un homme qui s'enfuyait. L'un derrière l'autre, l'homme et l'enfant remontèrent le flot des touristes et prirent au pas de course le couloir blanc. Manu courait vite, il était plus agile que l'homme chauve et avait une bonne chance de le rattraper avant la sortie du métro. Il devait l'arrêter à tout prix !

Mauvaise rencontre

« Hé, toi, là, où vas-tu ? **»** Une grosse main s'abattit sur l'épaule de Manu et l'immobilisa. Le grand type en profita pour disparaître dans un couloir.

Les deux agents de sécurité, dans leur uniforme bleu, n'avaient pas l'air de plaisanter. Un grand chien jaune, sur leurs talons, bavait dans sa muselière.

« Arrêtez-le ! cria Manu. Le type, là, derrière vous ! Il a volé un appareil photo ! Je l'ai vu, je vous jure !

— Et qu'est-ce que tu fais, avec cette bombe ? »

Le policier saisit la main droite de Manu, toute tachée de peinture.

« Je parie que tu étais en train de tagguer les murs ! »

Résigné, Manu baissa la tête. Ça ne servait plus à rien de s'expliquer.

« Tu sais que les tags sont interdits dans le métro ? siffla l'homme.

— Ouais… strictement interdits, reprit l'autre. Et ça va te coûter cher ! »

Manu connaissait le prix des amendes. Deux cents euros pour un malheureux tag. Une somme importante pour son père qui avait déjà tant de mal à arriver à la fin du mois !

« Mais avant de te conduire au poste, on va descendre admirer tes chefs-d'œuvre ! » ricana l'uniforme bleu en l'empoignant par une oreille.

Ils redescendirent vers le quai Anvers. La fille avait disparu, aspirée par le métro.

Les deux gorilles, l'un retenant son chien, l'autre tenant toujours Manu par l'oreille, s'arrêtèrent devant le panneau publicitaire. Leurs yeux s'agrandirent.

« Hé bé ! s'exclama le grand.

— C'est pas moche du tout, dis donc ! » dit l'autre en lâchant Manu.

Manu n'attendit pas d'autres commentaires, il leur fila entre les jambes.

Les policiers crièrent d'une seule voix :

« Hé ! là ! toi ! »

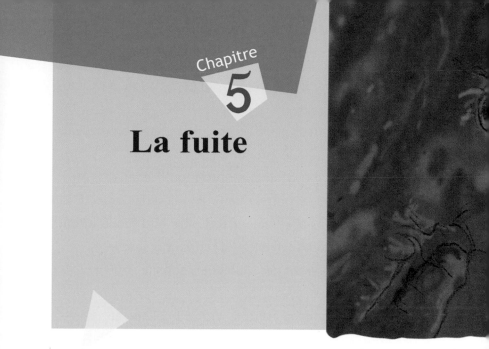

La fuite

Manu n'écoutait pas, ses Nike avaient des ailes. Il courait de toute la vitesse de ses jambes pour remonter le long du quai et gagner la sortie. Le chien sur ses talons et ses maîtres derrière, le garçon s'engagea dans un escalier mécanique qu'il remonta en sens inverse, emprunta un premier couloir, puis un deuxième. Derrière lui, le chien grognait et les policiers se rapprochaient. Manu, qui avait un couloir d'avance, cherchait un coin pour se cacher. Ce n'est pas facile de disparaître, comme ça, dans le métro…

Le long du mur, il vit une petite porte jaune entre-baillée. Sans réfléchir, Manu se glissa derrière et la referma sur lui. Il entendit le pas des policiers derrière la porte, les halètements du chien, la voix du plus grand des deux hommes :

« Il nous a filé entre les doigts ! Il doit être loin, maintenant !

— Si je l'attrape, dit le second, il va passer un mauvais quart d'heure, je te le jure ! »

Le chien aboya pour montrer qu'il était d'accord. Manu, derrière la porte, n'en menait pas large. S'ils l'attrapaient, ils appelleraient son père et il faudrait tout expliquer. Ce serait terrible... Il retint son souffle.

Les voix finirent par s'éloigner, dans le couloir.

Manu s'épongea le front. Viré du collège et épinglé par la police du métro, ce n'était pas vraiment son jour de chance ! Il revit le regard triste de son père, à chacune de ses bêtises. Non, il ne devait pas penser à son père !

Manu regarda autour de lui. Une ampoule pendait au plafond de la petite pièce de béton. Au fond, il distingua une seconde porte en fer, elle n'était pas fermée à clé. Il s'engagea dans un passage étroit, entre deux grands murs gris. Un long, long, long couloir déboucha sur une galerie aux pierres disjointes. L'endroit était glacial, humide. Les Nike de Manu pataugeaient dans la boue. Il devait approcher des égouts de la ville. Il avait vu un reportage sur les égouts de Paris, à la télé, il savait qu'on peut s'y perdre. Il ralentit, faillit revenir sur ses pas, pensa aux deux flics et au chien qui l'attendaient et continua sa route dans les profondeurs du métro. De temps à autre, une petite lampe éclairait faiblement la galerie.

Au bout de quelques mètres, trois couloirs obscurs s'ouvrirent devant lui. Lequel choisir ? Manu s'arrêta, hésita, désorienté. Sur le sol mou, il distingua des traces de pas qui s'engageaient à droite et un courant d'air frais le frappa au visage. Il devait y avoir une sortie par-là ! Avant de prendre le couloir, il taggua sur le mur sa signature, en lettres pointues : MANU SOLO. Solo, c'était à cause du capitaine Solo de *Starwars*. Et aussi parce que Manu se sentait bien souvent solitaire…

Manu prit la galerie de droite, marcha quelque temps, croisa une autre galerie, encore plus sombre que la première. À chaque tournant, il dessina sa signature, comme le Petit Poucet de son enfance semait des cailloux blancs sur son chemin pour retrouver sa route.

Chapitre

6

Les entrailles du métro

Enfin, il aperçut une lumière, tout au fond, et arriva sur les voies d'une ancienne station désaffectée. Humide. Sinistre. Habitée par les araignées et les rats. Impressionné, le jeune garçon s'arrêta. Des lumières faisaient danser des ombres sur les murs, semblables à des fantômes. On entendait le grondement du métro, loin, très loin. Que faire ? Continuer ? Mais cet endroit sinistre ne lui disait plus rien. Revenir en arrière, au risque de se faire attraper par les deux agents du métro ?

Un bruit, juste à côté de Manu. Un bruit de pas. Un bruit de voix. Manu se cacha dans un coin sombre, le temps de voir le grand homme chauve passer devant lui accompagné d'un petit gros. Il lui parlait en faisant de grands gestes :

« J'ai bien failli l'avoir… en plus de l'appareil photo, la fille avait un superbe collier en or… On aurait pu en tirer un bon paquet d'euros…

— Et alors ? demanda le petit gros.

— C'est le gamin qui a tout fait rater, tu sais, celui qui dessine sur les murs… Il s'est mis à crier, j'ai dû m'enfuir à toute vitesse…

— Sale gosse ! Si je le tenais… »

Plaqué contre le mur, Manu n'osait plus respirer. De loin, il vit les deux hommes s'asseoir sur le quai, vider leurs poches, ouvrir des portefeuilles, en sortir des billets. Le petit gros avait aussi volé une montre et un bracelet de femme. Ils rassemblèrent leur butin dans un sac qu'ils cachèrent dans un coin.

« On a quand même fait une bonne journée, dit le petit gros. Trois cents euros, une Rollex et d'autres bricoles, c'est pas mal...

— Oui, mais maintenant que je suis repéré par le gosse, je ne pourrai plus travailler tranquillement ! grogna le grand chauve.

— Le gamin, j'en fais mon affaire ! déclara l'autre. Je le connais bien... Il prend le métro ici tous les jours... Il ne me connaît pas, il ne fera pas attention à moi. Il suffit de l'attendre sur le quai et de le pousser un bon coup... Oui, oui, c'est tout ce qu'il mérite...

— Tu as raison, Roger, c'est tout ce qu'il mérite... répondit le grand chauve d'un ton froid. »

Manu se mit à grelotter. Un long frisson de peur lui coupait le souffle.

Devant lui, deux hommes qui voulaient le tuer. Derrière lui, des policiers, leur chien et une amende. Il n'hésita pas. Faire un pas en arrière. Doucement, tout doucement, que le chauve ne l'entende pas. Faire un deuxième pas, un troisième. Tourner le coin de la galerie, courir, s'engager dans les galeries en suivant à l'envers les MANU SOLO... MANU SOLO... MANU SOLO... dessinés à chaque carrefour, jusqu'au couloir étroit par lequel il était arrivé. Vite ! vite ! Passer la petite pièce de béton gris, ouvrir la porte jaune et... sentir une main s'abattre sur son épaule.

« Tiens donc, comme on se retrouve ! grinça le policier. Allez viens, on va s'expliquer. »

Jo lo pickpocket

Le poste de police du métro n'était pas plus gai que le bureau de madame Pons. Des uniformes bleus passaient et repassaient et Manu se faisait tout petit sur sa chaise. On lui avait demandé son nom, son adresse, on allait téléphoner à son père et le monde s'écroulait. Non seulement monsieur Bataille allait devoir payer une grosse amende, mais deux fous dangereux attendaient Manu, à la sortie, pour le transformer en hamburger.

« Je vous en prie… ne dites rien à mon père…

— Et pourquoi on ne devrait rien lui dire ? demanda le policier en prenant le téléphone.

— Je me suis fait virer du collège tout à l'heure et…

— Tiens donc ! Et c'est une raison pour tagguer le métro ? »

Tout en parlant, l'homme en uniforme composa le numéro du père de Manu. Il entendit le bip-bip électronique et sentit sa dernière heure arriver.

« Il y avait un gros type chauve ! Il a volé l'appareil photo d'une touriste. J'ai crié juste à temps ! »

Le policier, étonné, raccrocha le téléphone à la première sonnerie et plongea ses yeux gris dans ceux de Manu.

« Maintenant, mon garçon, tu vas tout m'expliquer ! »

Alors, Manu raconta la cantine, madame Pons, les dessins sur le mur du métro, la fille aux yeux trop noirs et le chauve qui lui avait volé son appareil photo.

Le policier l'interrompit :

« Chauve, tu as dit ? Et plutôt grand ?

— Oui, il a aussi un gros bouton sur le crâne... Tenez, je vais vous montrer ! »

Manu saisit une feuille sur le bureau et commença à dessiner le grand type, son visage de fouine, son affreux bouton sur le front. Il n'eut même pas le temps d'achever sa signature que le policier lui arracha sa feuille.

« Bon sang ! C'est lui, c'est bien lui !

— Jo le pickpocket ! s'exclama une voix.

— Attendez ! dit Manu, il y avait aussi un deuxième type qu'il a appelé Roger. »

Et il dessina le petit gros sur une autre feuille blanche.

« Il n'y a pas à dire, tu es doué ! siffla le policier avec admiration. Celui-là, c'est le gros Roger, un type dangereux, spécialisé dans le sac à main des vieilles dames. Il a poussé un voyageur sous le métro, l'année dernière ; il est recherché pour meurtre. On a failli le coincer plusieurs fois, mais il nous a toujours filé entre les doigts. Avec tes dessins, on a deux portraits-robots parfaits.

— Oui, mais ça ne nous dit toujours pas où ils se cachent ! » soupira un vieux policier.

Manu comprit que c'était le moment ou jamais. Il pouvait encore s'en sortir. Il regarda calmement le policier et déclara :

« Moi, je sais où ils sont. Si vous ne dites rien à mon père et si vous supprimez mon amende, je vous conduirai jusqu'à eux...

— D'accord, fiston, ça marche ! » dit le policier.

Grâce aux tags de Manu, les policiers arrivèrent facilement à la station désaffectée pour cueillir les deux hommes. Devant les armes pointées sur eux, Jo le pickpocket et le gros Roger se rendirent sans faire de problèmes. Les policiers leur passèrent les menottes et récupérèrent le trésor : portefeuilles, stylo, caméras, bijoux, tous volés à des voyageurs.

À l'écart, derrière eux, Manu avait assisté à la scène. Jo, au passage, lui jeta un regard si terrible qu'il frissonna. Mais non, pas besoin d'avoir peur, ils allaient rester en prison plusieurs années !

Cette fois, la main qui s'abattit sur l'épaule de Manu était tout à fait amicale.

« Bien joué, fiston. Grâce à toi, on les tient ! Pour une fois, ça a servi à quelque chose que tu taggues les murs ! »

Le plus vieux des policiers approuva :

« Oui ! Du bon boulot ! Je pense que ton père peut être fier de toi ! »

À l'idée que son père attendait qu'il rentre du collège et qu'il faudrait lui mentir, Manu eut honte et fondit en larmes.

« Qu'est-ce qui se passe, fiston ? demanda le policier. Allons, explique-nous ton problème ! »

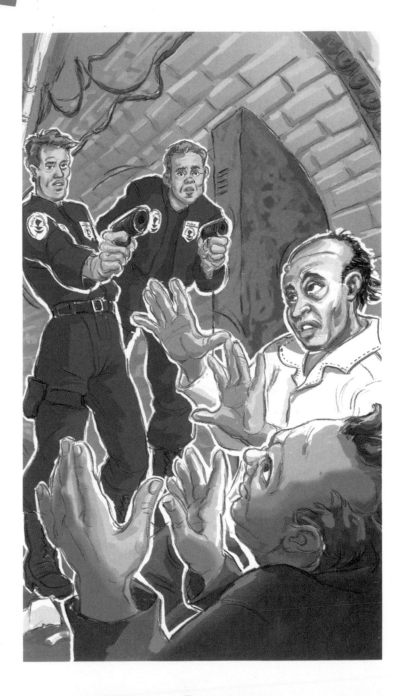

Chapitre
8

Un soir comme
les autres

Comme tous les soirs, à la sortie des cours, Manu descendit dans le métro, posa son sac à dos sur un des sièges du quai Anvers et sortit ses bombes de peinture. Noir, rouge, rose, jaune fluo… de quoi chasser les idées noires de ceux qui pénètrent dans le monde souterrain.

Nous vous recommandons de faire attention aux pickpockets ! dit la sirène de sa voix douce.

Manu sourit, il n'y avait plus de pickpockets à la station Anvers depuis que Jo et Roger étaient sous les verrous. On pouvait y attendre tranquillement le métro qui passe et repasse, comme les vagues sur la plage…

Sur le mur blanc, entre deux panneaux publicitaires, Manu dessina une sirène aux cheveux trop noirs, au teint trop blanc et à la bouche trop rouge.

« Alors, ça marche le boulot, fiston ? »

Les deux policiers étaient derrière lui, le chien jaune grognait et montrait les dents. Manu leur sourit :

« Ça marche du tonnerre ! J'entame mon troisième mur, j'aurai bientôt fini ! »

Depuis qu'il avait été embauché pour décorer la station, Manu travaillait d'arrache-pied. Tous les soirs après les cours, il venait dessiner ses rêves sur les murs. Et au collège, plus de problèmes, il avait cessé de faire enrager madame Pons. Il réservait ses élans artistiques pour le soir...

Les deux policiers s'éloignèrent, Manu termina sa sirène aux yeux brillants comme les vagues qui s'écrasent sur les rochers, un jour de tempête...

Puis il fit un pas en arrière pour juger de l'effet et signa son œuvre d'un MANO SOLO aux angles aigus.

Peut-être, qu'à force de la dessiner sur les murs, il finirait, un jour, par la revoir...

Mots & expressions

Activités

Corrigés

Mots & Expressions

■ **Baladeur** *(n. m.)* : petit appareil portable servant à écouter de la musique.

■ **Brouillard** *(n. m.)* : air humide formé par de petites gouttes d'eau près du sol.

■ **Brume** *(n. f.)* : léger brouillard.

■ **Confisquer** *(v.)* : prendre pour quelque temps.

■ **Connaitre par cœur** : savoir, retenir de mémoire.

■ **Foudroyer du regard** : regarder quelqu'un avec des yeux qui semblent lancer des éclairs de colère.

■ **Graffiti** *(n. m.)* : dessin fait sur les murs.

■ **Grimace** *(n. f.)* : mouvement qui déforme le visage.

■ **Remède** *(n. m.)* : moyen qui permet d'arrêter quelque chose.

■ **S'écrouler** *(v.)* : tomber par terre.

Chapitre 2

■ **Aigri** *(adj.)* : rendu désagréable par les difficultés de la vie.

■ **Artificiel** *(adj.)* : qui n'est pas naturel, qui est fabriqué par l'homme.

■ **Faire la ronde** : inspecter des lieux pour s'assurer que tout est en ordre.

■ **Sirène** *(n. f.)* : créature imaginaire avec un buste de femme prolongé par une queue de poisson.

■ **Vanter** *(v.)* : dire du bien de quelqu'un ou de quelque chose.

Chapitre 3

■ **À tout prix** : vouloir quelque chose absolument.

■ **Agile** *(adj.)* : souple.

■ **En bandoulière** : porter quelque chose sur l'épaule.

■ **Fouine** *(n. f.)* : petit animal sauvage au corps allongé et au museau fin et pointu.

■ **Maléfique** *(adj.)* : qui exerce une mauvaise influence.

■ **Amende** *(n. f.)* : somme d'argent qu'il faut payer lorsqu'on a commis une infraction.

■ **Empoigner** *(v.)* : prendre violemment en serrant dans sa main.

■ **Muselière** *(n. f.)* : ce que l'on met aux museaux de certains mammifères pour les empêcher de mordre.

■ **Résigné** *(adj.)* : qui accepte volontairement d'arrêter quelque chose.

■ **Ricaner** *(v.)* : rire d'une manière méprisante ou stupide.

■ **Égout** *(n. m.)* : tuyau souterrain qui évacue les eaux sales d'une ville.

■ **Entrebâillé** *(adj.)* : qui est un petit peu ouvert.

■ **Flic** *(n. m.)* : mot familier pour « policier ».

■ **N'en mener par large** : lorsque l'on se sent mal à l'aise dans une situation difficile.

■ **Patauger** *(v.)* : marcher sur un sol plein de boue.

■ **Se faire épingler** : se faire attraper.

■ **Bricole** *(n. f.)* : petit objet qui a peu de valeur.

■ **Butin** *(n. m.)* : ce qui a été récupéré à la suite d'un vol.

■ **Désaffecté** *(adj.)* : qui n'est plus utilisé.

■ **Grelotter** *(v.)* : trembler de froid.

■ **Sinistre** *(adj.)* : inquiétant, triste ou ennuyeux.

■ **Fiston** *(n. m.)* : mot familier pour « fils ».

■ **Menottes** *(n. f. pl.)* : bracelets métalliques reliés par une chaîne que l'on met aux poignets des criminels.

■ **Portrait-robot** *(n. m.)* : dessin du visage d'une personne recherchée par la police réalisé à partir de la description de témoins.

■ **Être sous les verrous** : être emprisonné, enfermé.

■ **Marcher du tonnerre** : marcher très bien.

■ **Travailler d'arrache-pied** : travailler sans cesse, sans interruption.

Activités

1 Quelle histoire !

Remets l'histoire dans le bon ordre.

- [ ] 1. Manu dira aux policiers où se trouvent les dangereux voleurs s'ils n'appellent pas son père.
- [ ] 2. Manu a semé les policiers et leur chien ; il s'enfonce dans les galeries sombres du métro et recherche une sortie.
- [ ] 3. Madame Pons renvoie Manu du collège parce qu'il a taggué les murs de la cantine.
- [ ] 4. Manu découvre une ancienne station de métro désaffectée, habitée par des araignées et des rats.
- [ ] 5. Manu retrouve la cachette des voleurs grâce aux tags Manu Solo qu'il a dessinés sur les murs des galeries souterraines.
- [ ] 6. Manu surprend les pickpockets Jo et Roger en train de cacher tout ce qu'ils ont volé aux voyageurs.
- [ ] 7. Manu s'installe à la station Anvers et décide de dessiner une île peuplée d'oiseaux magnifiques sur une affiche publicitaire.
- [ ] 8. Terrorisé par la menace de mort des pickpockets, Manu préfère être arrêté par les policiers.
- [ ] 9. Grâce à Manu, les voleurs sont sous les verrous. Les policiers le félicitent et lui donnent l'autorisation de dessiner ses paysages de rêve dans le métro.
- [ ] 10. Arrêté par deux policiers qui veulent le conduire au poste pour avoir fait des graffitis dans le métro, Manu réussit à s'enfuir dans les couloirs du métro.
- [ ] 11. Manu apprend que les deux pickpockets veulent se débarrasser de lui en le poussant sur les rails du métro.
- [ ] 12. Manu se lance à la poursuite d'un homme chauve qu'il a surpris en train de voler un appareil photo.

2 À ton avis...

Retrouve la bonne réponse.

1. Manu taggue les murs de son école et du métro :

   a. pour abîmer les endroits qu'il n'aime pas.

   b. pour rendre la vie plus belle et plus colorée.

   c. pour faire plaisir à son père.

2. Manu ne dit pas à son père qu'il a été renvoyé du collège :

   a. parce qu'il a peur d'être puni très sévèrement.

   b. parce qu'il n'a pas besoin de lui et qu'il sait imiter sa signature.

   c. parce qu'il ne veut pas le décevoir et lui faire de la peine.

3. Manu décide de se rendre à la police du métro :

   a. parce que Jo et Roger sont à sa recherche et veulent le tuer.

   b. parce qu'il se sent coupable d'avoir taggué dans le métro.

   c. parce qu'il veut rentrer chez lui et tout avouer à son père.

4. Les policiers n'appellent pas le père de Manu :

   a. parce qu'il s'est rendu à la police.

   b. parce que Manu leur a promis de ne plus tagguer dans le métro.

   c. parce que Manu leur dessine le portrait-robot des pickpockets et leur montre où ils se cachent.

5. Une fois les pickpockets en prison, Manu est encore confronté aux agents du métro :

   a. parce qu'il n'a pas payé son amende.

   b. parce qu'il passe sa journée dans le métro au lieu d'aller à l'école.

   c. parce qu'il a été autorisé à décorer la station Anvers après l'école.

Activités

 Le carnet de correspondance

Remplis le carnet de correspondance de Manu à partir des informations trouvées dans le texte.

> ✔ <u>Nom de famille</u> : ....
>
> ✔ <u>Prénom</u> : ....
>
> ✔ <u>Surnom</u> : ....
>
> ✔ <u>Âge</u> : ....
>
> ✔ <u>Classe</u> : ....
>
> ✔ <u>Nom du professeur de géométrie</u> : ....
>
> ✔ <u>Passion</u> : ....

 Qui suis-je ?

Devine qui se cache derrière les définitions en retrouvant à quoi Manu les compare.

sirène – crabe – gorille – fouine

1. J'ai un énorme bouton sur le front, je vole des objets dans le métro et Manu me compare à un petit mammifère.

2. Nous faisons respecter l'ordre dans le métro et Manu nous compare à des grands singes.

3. Je fréquente le métro, qui me permet de me déplacer, et Manu me compare à un crustacé.

4. J'ai croisé Manu sur le quai, je suis une touriste. Manu me prend pour un être fabuleux avec une tête de femme et une queue de poisson.

5 **Familles de mots**

A. À partir des mots suivants relevés dans le texte, on peut former trois familles : celle du métro, celle du vol et celle de la police. Reconstitue-les.

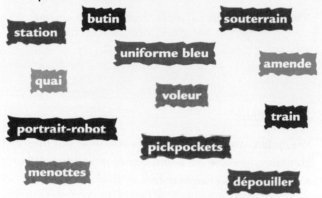

B. Complète ces familles avec les mots de ton choix.

6 La couleur « noire »

L'adjectif « noir » peut avoir plusieurs significations. Retrouve la bonne définition pour chacune des expressions suivantes :

1. Chasser les idées *noires*   a. sale

2. Se mettre dans des colères *noires*   d. triste

3. Le marché *noir*   e. terrible, méchante

4. Avoir les ongles *noirs*   f. clandestin

5. La magie *noire*   g. malveillante

7 Choisis deux thèmes parmi ceux qui te sont proposés et trouve quatre verbes à l'infinitif qui correspondent à l'univers de ce verbe.

Exemple : Dessiner → observer, imaginer, s'évader, rêver

Thèmes : partir en vacances, résoudre une énigme, manger une glace, découvrir un trésor

8 ## Les intrus

Les mots suivants ont été regroupés car ils ont tous un point commun. Cherche ce point commun et trouve l'intrus qui s'est glissé dans chaque liste.

1. enfoui — souterrain — aérien — enterré

2. enragé — agacé — exaspéré — calme

3. merveilleux — sublime — abominable — splendide

4. suer — grelotter — frissonner — trembler

5. passion — corvée — rêve — idéal

9 ## Bravo l'artiste !

L'imagination créative de Manu lui fait croire que le métro ressemble à la mer. Le quai devient une plage, les trains ont l'allure des vagues, les voyageurs sont des petits crabes et les néons, un soleil artificiel.

À ton tour, transforme un lieu que tu fréquentes au quotidien en un endroit extraordinaire.

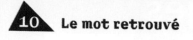

10 **Le mot retrouvé**

Complète les phrases avec les mots suivants :
amende – baladeur – égouts – artificielle

1. Manu n'oublie jamais son … pour écouter de la musique sur le trajet de l'école.

2. Dans le métro, on ne voit pas la lumière du jour. Il y a des néons qui font une lumière … .

3. Sami a pris le métro sans acheter de ticket. Les contrôleurs lui ont mis une … .

4. Les … forment un véritable labyrinthe dans lequel on peut se perdre.

 Manu et le Petit Poucet

1. Pourquoi l'auteur compare-t-il Manu au Petit Poucet, le personnage d'un conte de Charles Perrault ?

2. Dans les contes, les enfants sont souvent confrontés à des épreuves difficiles qui les font grandir. Quels sont les obstacles que Manu rencontre ? Quelles sont les qualités qui lui permettent de triompher ? Peut-on dire que Manu est un héros ?

3. Les contes sont des récits d'aventures imaginaires. L'histoire de Manu est-elle vraisemblable ?

Corrigés

 3 – 7 – 12 – 10 – 2 – 4 – 6 – 11 – 8 – 1 – 5 – 9.

 1. b. – **2.** c. – **3.** a. – **4.** c. – **5.** c.

 Bataille – Manu – Manu Solo – 14 ans – 3ᵉ B – M. Boudu – Le dessin

 1. Jo le pickpocket / une fouine – **2.** Les policiers / des gorilles – **3.** Un voyageur / un crabe – **4.** Une jeune touriste japonaise / une sirène.

 A. Métro : station, quai, train, souterrain...

Vol : butin, voleur, dépouiller, pickpocket...

Police : portrait-robot, uniforme bleu, menottes, amende...

B. Libre.

 1. d. – 2. e. – 3. f. – 4. a. – 5. g.

 Libre.

 1. aérien – **2.** calme – **3.** abominable – **4.** suer – **5.** corvée.

 Libre.

 1. baladeur – **2.** artificielle – **3.** amende – **4.** égouts.

11 **1.** Parce que Manu pense à signer « Manu Solo » sur les murs des galeries souterraines pour retrouver son chemin. Comme le Petit Poucet, qui sème des cailloux, Manu trouve une astuce pour ne pas se perdre.

2. Manu est renvoyé de son école car il n'a pas le droit de faire des graffitis. Il ne peut pas rentrer chez lui car il ne veut pas se confier à son père. Manu est ensuite poursuivi par la police du métro, qui veut le punir pour avoir taggué sur les murs du métro. Puis il est menacé par de dangereux pickpockets bien décidés à se débarrasser de lui.
Manu est courageux ; il n'hésite pas à pourchasser Jo le pickpocket. Il est rusé ; il ne se perd pas dans les souterrains. Il est intelligent ; il trouve la cachette des malfrats et démantèle leur réseau. Il est audacieux ; il n'hésite pas à marchander avec les policiers pour se sortir d'affaire. Il est doué en dessin ; sa passion lui donne des ailes et lui permet de faire un portrait-robot des voleurs, etc.

3. Oui Manu est un héros. C'est le personnage principal de l'histoire. Il se distingue par ses actes de bravoure qui lui permettent de mettre un terme aux agissements des dangereux voleurs.
L'histoire de Manu semble être vraisemblable car elle s'inscrit dans un monde concret. L'univers de l'école, du métro et les personnages rencontrés paraissent réels. Le lecteur peut s'y identifier.

Notes

Découvrez toute la collection
Lire en français facile

 de 300 à 500 mots

Série Tranches de vie   *Double Je*, V. Guérin   avec ou sans CD Audio

Série Science-fiction   *Si c'était vrai...*, S. Bataille   avec ou sans CD Audio

Série Fantastique   *Peur sur la ville*, A. Roy   avec ou sans CD Audio

Série policier   *La Disparition*, M. Gutleben   avec ou sans CD Audio

Série Aventures   *Le Trésor de la Marie-Galante*, A. Leballeur   avec ou sans CD Audio

 de 500 à 900 mots

Série Science-fiction   *Le Prisonnier du temps*, A. Roy   avec ou sans CD Audio

Série Fantastique   *La Cité perdue*, L. Lamarche   avec ou sans CD Audio

Série policier   *Attention aux pickpockets !*, L. Lamarche   avec ou sans CD Audio

Imprimé en France par Mame Imprimeurs à Tours (n° 07082111)
Dépôt légal : 09/2007
Collection n° 47 - Edition 02
15/5398/1